3つのステップですぐできる！

草花あそび・しぜんあそび

2

はっぱで あそぼう

監修●露木和男　写真●キッチンミノル

ポプラ社

はじめに

　60年いじょう前、わたしが みなさんのように 小さかった ころ、虫を とったり、川に 魚を とりに いったり、野山で なかまたちと ぼうけんごっこを したり した ことを よく おぼえて います。

　まわりには、しぜんが たくさん ありました。楽しかったなぁ。

　今、思い出しても なつかしくて しかたが ありません。

　それは、しぜんの 中で、心が いつも ときめいて いたからです。ワクワク して いたからです。ふしぎな せかい、おどろくような せかいに、自分が 入って いくような 気が して いました。

　この 本には、しぜんで あそぶ 楽しい ほうほうを たくさん しょうかいして います。この 本を さんこうに して、じっさいに みなさんも しぜんに ふれあい、しぜんの あそびを する ことが できるのです。

　そう、わたしの 小さい ころのように、みなさんも 楽しい あそびが できるのです。

さがして みる こと、はっけん する こと、よく 見る こと、作る こと、
ためす こと、そして、あそぶ こと。
　それは、みなさんの 中に ある 「いのち」 が かがやく ことなのです。
「うれしい じぶん」 に 出会う ことなのです。

元早稲田大学教育・総合科学学術院教授　露木和男

先生・保護者の方へ

　私は、子どもたちと接するうえで、子どもの感性を守りたい、と切に願っています。
　自然と切り離された子どもは、感性が摩耗していきます。自然が子どもを育てるという考え方は、私たち大人が思っている以上に大きな意味があるのです。
　レイチェル・カーソンの著作としても知られる「センス・オブ・ワンダー」という言葉があります。「神秘さや不思議さに目を見張る感性」というような意味をもつこの言葉は、これからの日本でくらす子どもの教育にとって、極めて重要な意味をもってくるような気がしています。子どもは、細やかな日本の自然のよさに気づくことで、しなやかに成長していきます。
　そうはいっても、身近には限られた自然しかない地域も少なくありません。その中で、子どもと自然をどう触れ合わせるのか、大人の側の悩みもあります。
　このような現状を考え、子どもが進んで自然に親しむ場をつくってみたい、という願いからこのシリーズは生まれました。昔から伝えられた遊びもあります。オリジナルの遊びもたくさんあります。これは面白いと思っていただける遊びをたくさん紹介しています。
　まずは子どもと遊んでみてください。そして、自然の素晴らしさ、ありがたさ、さらには子どもたちにそれを「伝える」ことの喜びを感じていただけたらうれしく思います。

元早稲田大学教育・総合科学学術院教授　露木和男

草花あそび・しぜんあそび **2**

はっぱで あそぼう

もくじ

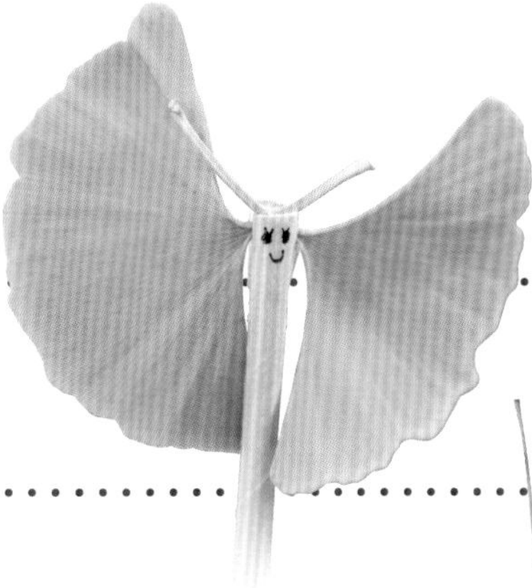

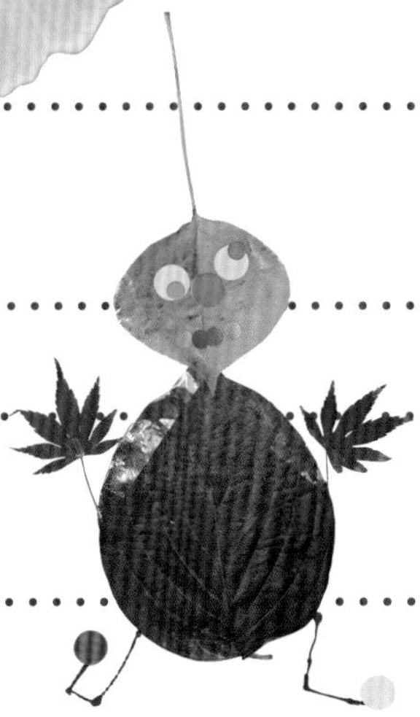

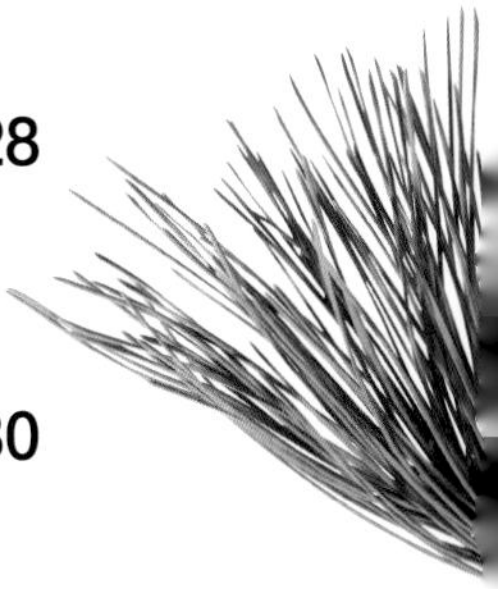

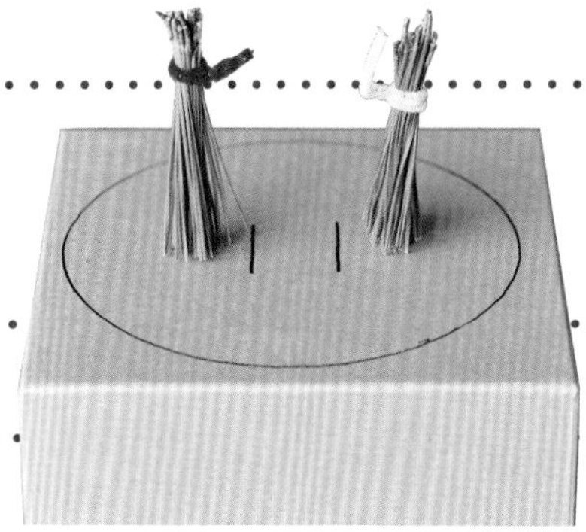

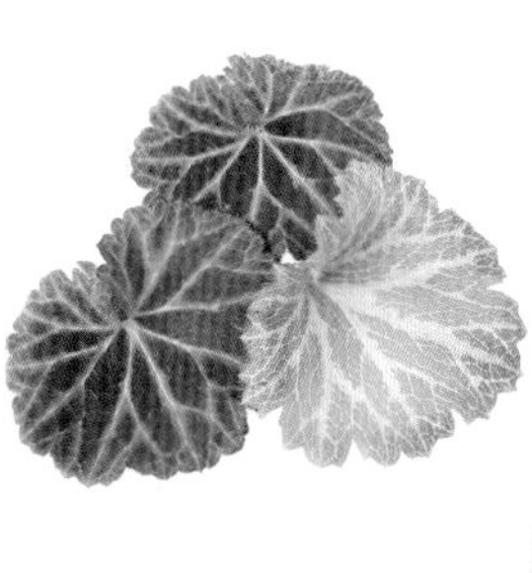

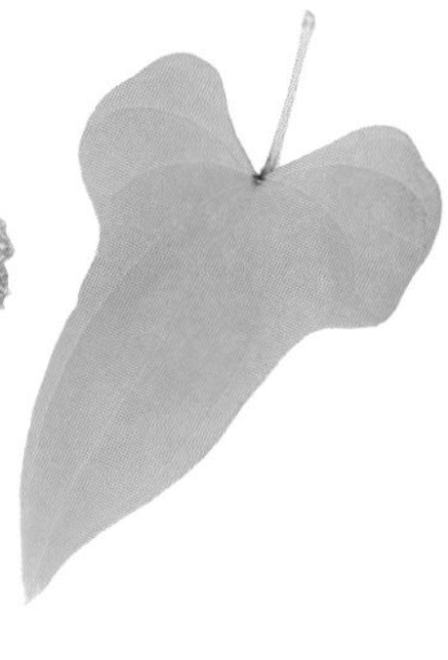

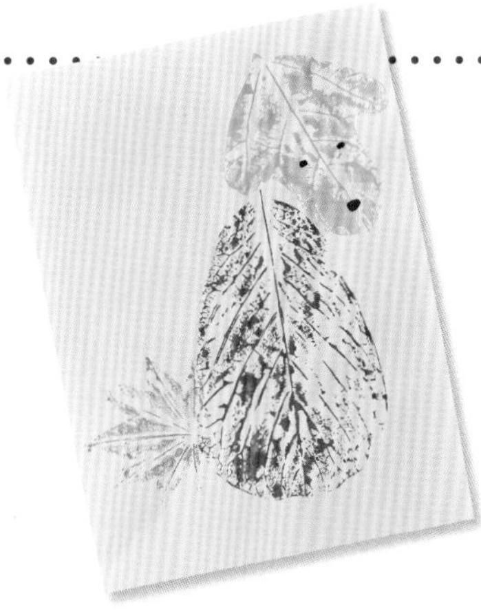

はっぱを さがしに 行こう!

草花や 木の はっぱは、
みの まわりに たくさん あるよ。
どんな 形や 色の はっぱが あるかな?

公園や グラウンド

公園や 学校の グラウンドには、
いろいろな 木や 草花が はえて いるよ。
木の 上や、足元を よく 見て みよう。

じゅんび

うごきやすい ふくそうで 出かけましょう。
とった はっぱを 入れる ふくろを
わすれずに。
出かける ときは、
大人と いっしょに
行くか、家の 人に
言ってから
出かけます。

高い ところに ある 木の はっぱは、
大人に とって もらいましょう。

秋に なると、
色が かわって
おちる
はっぱが
たくさん
あります。
花だんの 草花は
とっては
いけません。

林

木が たくさん はえて いる
林では、秋に なると、
はっぱが たくさん
おちるよ。いろいろな
色や 形の はっぱを
さがそう。

道ばた

道の わきには、木が うえられて いる ことが 多いよ。
いつも 歩いて いる 道には、どんな はっぱが あるかな?

秋には、色づいた はっぱが
じめん いっぱいに おちる ことも あります。

！気を つけよう

！あぶない 場所には 子どもだけで 行かない
川や 池、高い ところ などは、大人と
いっしょに 行きましょう。

！家の 人に 言ってから 出かける
だれと、どこに 行くか、何時に 帰るか、
かならず 家の 人に つたえてから 出かけましょう。

！ほかの 家の にわや はたけなどに 入らない
かってに 入って 草花や 実などを
とっては いけません。とって いいか、
その 家の 人に まず 聞いて みましょう。

！きけんな 生きものに ちゅうい しよう
ハチや 毛虫、ヘビなどは、どくを
もつ ものが います。さわったり
近づいたり しては いけません。

**！草花を はたけや 田んぼ、
にわに すてない**
すてた 草花が そこで
そだって しまう ことが あります。
とった 草花は、もちかえって
ごみとして すてましょう。

ホオノキの おめん

大きな はっぱを 見つけたら、おめんを 作りましょう。
近くに はえて いる 草花も つかえば、いろいろな 顔が できますよ。

夏に おすすめ

ひげを つけても
楽しそうだぞ!

8

ステップ 1

はっぱを どの むきで つかうか、きめる。

クルクル 回しながら、考えて みよう。

ようい するもの

- ホオノキなどの 大きな はっぱ
- その ほかの 草花
- はさみ

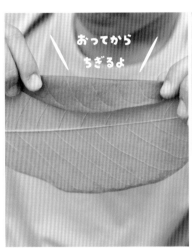

おってから ちぎるよ

ステップ 2

はっぱに、目と 口に なる あなを あける。

はさみを つかっても いいよ。

ステップ 3

顔に あてて 見せあおう!

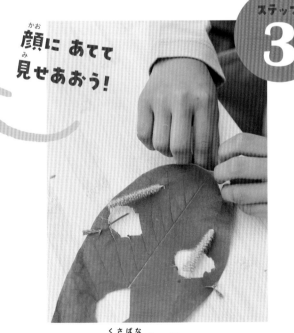

ほかの 草花を ❷の はっぱに さし、まゆげや まつげ、ひげなどに する。

ホオノキ

▶15ページも 見てね

- はえて いる ところ
  林、公園
- はっぱが ある じき　6〜10月

長さ 20〜50センチメートルくらいの 大きな はっぱを つけます。はっぱは 「ホオバ」とも よばれ、よい かおりが するので、むかしから 食べものを つつむ ときに つかわれます。

はっぱの ひこうき

かかる時間 10分 くらい

はっぱを ひこうきの 形に 切って とばしましょう。
細長い はっぱを つかうのが おすすめです。

どんな はっぱを、
どんな 形に すると
よく とぶ かな?

ステップ 1

ゆせいペンで、
はっぱに ひこうきの
形を かく。

えを 前に して、左右が
同じ 形に なるように しよう。

ここが え

切りとる

ステップ 2

かいた 線に そって
はさみで 切る。

ステップ 3

はねを 少し
丸めるように もつ。

よういするもの
- マテバシイや
  ケヤキなどの
  細長い はっぱ
- ゆせいペン
- はさみ

うまく とばない ときは、
先に おもりを つけると
いいですよ。
マスキングテープや セロハ
ンテープを まいて
おもりに しましょう。

やさしく
とばそう!

おもり

草の はっぱずかん

みぢかな 草花の はっぱを あつめました。
足元に はえて いる はっぱを よく ちゅういして 見て みましょう。

🔍 こんな ところを さがして みよう

エノコログサ

ひらたく、先が とがった 細長い
はっぱが つきます。くきの 先に
フサフサ した ほ（1巻 23 ページ）
が つきます。

🔍 日あたりの よい 空き地や 野原、
道ばた

こんな
花が さくよ

タンポポ

細長く ギザギザ して います。
はっぱや くきを おると、
白い しるが 出て きます。

🔍 日あたりの よい 空き地や 野原、
道ばた

ドクダミ

はっぱの うらがわが むらさき色を
して いて、くすりのような 強い
においを もって います。

🔍 少し くらい にわの すみ、空き地や 野原、
道ばた

シロツメクサ

くきの 先に 3まいの はっぱを
つけます。はっぱの ひょうめん
には 白っぽい もようが ついて
います。「ホワイトクローバー」
とも よばれます。

🔍 日あたりの よい 空き地や 野原、
公園

オオバコ

あつみの ある、
たまご形の はっぱです。
人や 車に
ふみかためられた
じめんにも はえる、
じょうぶな 草です。

🔍 やや 日かげの しめった
空き地や 野原、道ばた

カラスノエンドウ

細長い たまご形の はっぱが、ならんで ついて います。つるを まわりに まきつけながら のびて いきます。

🔍 日あたりの よい 空き地や 野原、道ばた

ホトケノザ

むかいあう 2まいの はっぱが 上を むいて ついて います。くきと はっぱの 間に 花が さきます。

🔍 日あたりの よい 空き地や 野原、道ばた

カタバミ

ハート形の はっぱが、3まいずつ つきます。はっぱも 花も、日中に ひらいて、夜は とじます。

🔍 日あたりの よい 空き地や 野原、道ばた

ミツバ

ふちが ギザギザ した はっぱが、3まいずつ つきます。わかい はっぱは 食べる ことが できて、さわやかな かおりが します。

🔍 やや 日かげの しめった 空き地や 野原、道ばた

ヨモギ

こまかい 切れこみが 入って いて、うらには 白い 毛が はえて います。さわやかな かおりが します。

🔍 空き地や 野原、道ばた

ツユクサ

やや 丸みの ある、細長い はっぱです。まっすぐな すじが たくさん あります。

🔍 空き地や 野原、道ばた

木の はっぱずかん

みぢかな 木の はっぱを あつめました。
木に 近づいて はっぱを 見て みましょう。

🔍 こんな ところを さがして みよう

サクラ

ふちが ギザギザ して います。
秋から 冬には 赤く こうようします。
（→ 16 ページ）

🔍 日あたりの よい 道ばた、公園、学校

ツツジ

はっぱには、こまかい 毛が はえて
います。えだの 先に、はっぱと
花が まとまって つきます。

🔍 公園、道ばた

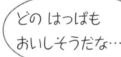

どの はっぱも
おいしそうだな……

どんぐりが
つくよ

マテバシイ

はっぱは あつく、つやが あり、
うらがわは 白っぽい 色を して います。
秋に なると どんぐりが できます。

🔍 公園、道ばた

ポプラ

三角形の うすい はっぱで、
ふちが ギザギザ して います。
秋に なると 黄色く こうよう
します。（→ 17 ページ）

🔍 すずしい ところの 公園、道ばた

イロハカエデ
（イロハモミジ）

はっぱの 先が 5〜7つに
分かれて いて、ふちは
ギザギザ して います。
秋に なると 赤く こうよう
します。（→17 ページ）

🔍 公園、道ばた

あそびかたは
20ページ

イチョウ

はっぱは おうぎ形で、
まんなかに 切れこみが
入って いる ものと、
入って いない ものが
あります。秋に なると
黄色く こうようします。
（→ 17 ページ）

🔍 道ばた、公園、学校

こんな たねが つくよ

ハナミズキ

丸みが あり、先は
とがって います。
うらには こまかい 毛が
はえて いて、白っぽく
見えます。秋に なると
赤く こうようします。
（→ 17 ページ）

🔍 公園、道ばた

キンモクセイ

丸みの ある 細長い はっぱは、
かたく あつみが あります。
秋には、よい かおりが する
オレンジ色の 花を さかせます。

🔍 公園、道ばた

こんな 実が つくよ
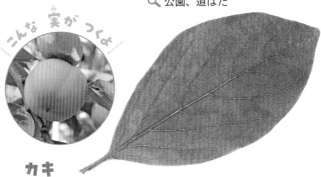

カキ

あつみの ある はっぱの 先は 少し とがって いて、
うらがわが 白っぽい 色を して います。
秋に なると 赤く こうようします。（→ 17 ページ）

🔍 公園、はたけや にわ

あそびかたは
8ページ

ホオノキ

大きな はっぱが、えだの 先に なんまいも まとまって
つきます。むかしから みそや もちなど 食べものを
つつむのに つかわれます。

🔍 林、公園

まつぼっくりが
つくよ

あそびかたは
30ページ

マツ

かたくて 細い、はりのような
形の はっぱで、2〜5本ずつ
たばに なって つきます。
まつぼっくりが できます。

🔍 公園、海べ

きせつで 色が かわる はっぱ

木の はっぱの 中には、きおんが 下がると
色が かわる ものが あります。
これを「こうよう」と いいます。
ここでは、はっぱの 色の うつりかわりを
しょうかいして います。

だんだん 色が
かわるんだね!

色の かわりかた

はっぱが こうようする
ようすを 見て みましょう。

春～夏	夏～秋	秋～冬

サクラ

春から 夏に かけて、
新しい はっぱが つきます。

えいようを 実や めに おくる
ため、だんだんと 色が
ぬけて いきます。

色が すっかり かわった
はっぱは、さいごに
木から おちます。

こうようすると けしきも かわるね

夏

秋

いろいろな こうよう

木の しゅるいによって、こうようの
色は ちがいます。おちばを ひろって、
色の ちがいを くらべて みましょう。

イロハカエデ (イロハモミジ)
▶14ページと 見くらべて みよう！

カキ
▶15ページと 見くらべて みよう！

ポプラ
▶14ページと
　見くらべて みよう！

ナンキンハゼ

ハナミズキ
▶15ページと 見くらべて みよう！

カツラ

イチョウ
▶15ページと
　見くらべて みよう！

● **こうようする 草が あるよ**

クヌギ

ケヤキ

ホウキギ（コキア）は、夏に 小さな 花を
さかせた あと、草が ピンク色に こうようします。

17

はっぱの ふえ

少し あつみの ある はっぱを つかって、ふえを 作りましょう。
ふいて 音が 出ると、うれしいですよ。

はっぱの 先の ほうから クルクルと まく。

ステップ **1**

まけた!

ビュ〜 ♪ ♫

ならない ときは、くわえる 強さを かえたり くわえる 場所を ずらしたり して みて!

ステップ **2**

かたほうの はしを、ゆびで おさえて つぶす。

ステップ **3**

つぶした ところを くわえて いきおい よく ふく。

ひみつの 手紙

さいしょは 見えなかった 文字が、時間が
たつと 見えて くる、ふしぎな 手紙です。
友だちに わたして みませんか。

かかる時間
3分
くらい

まつ 時間は
入りません。

よういするもの
- キンモクセイや アオキなどの 少し かたい はっぱ
- ようじ

字が 見えて きた!

ステップ 1

はっぱの おもてに ようじで 手紙を かく。

力を 入れて きずを つけるように かくよ

かいたばかりの ときは、字が 見えないよ。

ステップ 3

30分くらい まつと……

ステップ 2

友だちに わたす。

「あとで 見てね」と 言って わたそう。

何て かいて あるのかな?

イチョウチョウ

かかる時間
10分
くらい

イチョウの はっぱは、はねのような 形を して います。
組みあわせて、チョウチョウを 作りましょう。

> 夏から 秋に おすすめ

イチョウ

▶15ページも 見てね

● **うえられて いる ところ**
　道ばた、公園、学校
● **はっぱが ある じき**　5〜11月

道ぞいに うえられて いる ことの 多い
木です。秋に なると、はっぱが 黄色
く こうよう（→16ページ）し おちます。
おすの 木と めすの 木が あり、
めすの 木は「ぎんなん」と よばれる
たねを つけます。

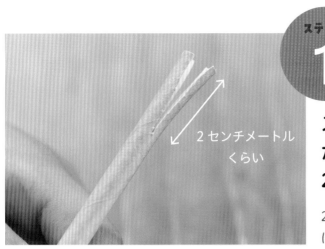

2センチメートル
くらい

ストローに、たてに 切り目を 2かしょ 入れる。

2センチメートルくらい
はさみで 切るよ。

よういするもの
● イチョウの はっぱ
 2まい
● ストロー
● セロハンテープ
● はさみ

ステップ
2

ストローの 切り目に イチョウのはっぱを はさむ。

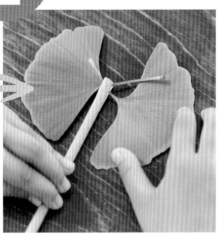

はねや しょっかくに
見えるように、
はっぱを 2まい
さしこむよ。

ステップ
3

4センチ
メートル
くらい

セロハンテープを 半分のはばに 切り、2を とめる。

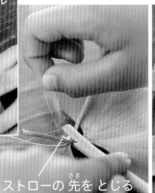

ストローの 先を とじる
ように たてに はるよ。

はっぱが おちない
ように、はっぱの
下に クルリと
まくように はるよ。

もっと
楽しく♪

顔を かいても
すてき！

ストローに ゆせいペ
ンで かいて みてね。

はっぱ星人

かかる時間 **15**分 くらい

さまざまな 形、色の おちばを つかって、うちゅう人を 作りましょう。
おもしろい うちゅう人が たんじょうしそう!?

秋に おすすめ

よういするもの
- いろいろな おちば
- 画用紙
- セロハンテープ
- ペン
- 丸い シール

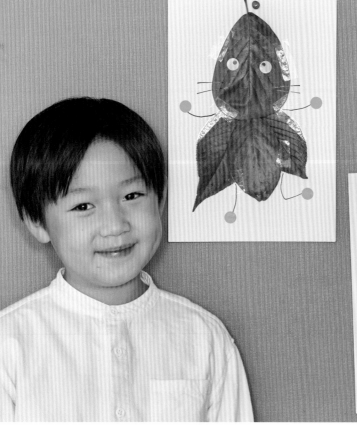

できた!

ステップ 1

おちばを 組みあわせて 顔や 体を 作り、画用紙に セロハンテープで はる。

ステップ 2

ペンで 手足などを かく。

ステップ 3
シールで 目などを つける。

やってみよう！

おしばを 作ろう

「おしば」とは、はっぱを ひらたくして、かわかした もの。
おちばは、ひろって 少し たつと、かわいて ちぢんだり くずれたり して しまいます。
数日 のこして おきたい ときは、おしばに すると、色や 形が きれいに のこります。

おしばの 作りかた

ようい するもの
- おちば
- ティッシュペーパー
- しんぶん紙
- おもくて、大きい 本

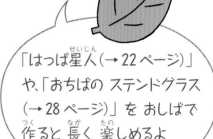

「はっぱ星人（→22 ページ）」
や、「おちばの ステンドグラス
（→28 ページ）」を おしばで
作ると 長く 楽しめるよ

1 おちばの よごれを おとす。

ティッシュペーパーで かるく
ふいて、土などを おとすよ。

2 しんぶん紙と
ティッシュペーパーで
おちばを はさむ。

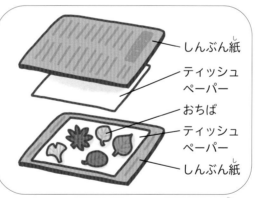

しんぶん紙
ティッシュペーパー
おちば
ティッシュペーパー
しんぶん紙

・しんぶん紙
・ティッシュペーパー
・おちば
・ティッシュペーパー
・しんぶん紙
　の じゅんで かさねるよ。

さらに 長く 楽しむなら ラミネートかこうが おすすめ

おちばの
ステンドグラス
（→28ページ）
などを おしばで
作ったら、
ラミネートフィルムで はさむと、
きれいなまま とって おく ことが
できます。ラミネートフィルムは、
100円ショップなどで 買えます。

3 おもい 本を のせて、
4〜5日 おく。

パリッと
たいらに なったら
できあがりだよ

はっぱは しゅるいによって
形が ちがいます。
それぞれの とくちょうを
見くらべて みましょう。

どんな 形の
はっぱを、見た
ことが あるかな?

丸い 形の はっぱ

まん丸に 近い ものや、
先だけが とがって いる ものなど、
少しずつ ちがいます。

ヤマボウシ

シロツメクサ

ユキノシタ

フキ

細くて 長い はっぱ

うすい ものや あつみが ある もの、
はりのように 細く 先が とがって いる
ものも あります。

マテバシイ

エノコログサ

ササ

マツ

ギザギザ した はっぱ

ギザギザの 形や こまかさは
しゅるいによって ちがいます。

タンポポ

ヒイラギ

ミツバ

サクラ

ハート形の はっぱ

小さな ハート形や、大きな
ハート形の ものが あります。

カタバミ

カツラ

ドクダミ

ヤマノイモ

手のひら形の はっぱ

ふかく 切れこみが 入って いる ものや、
小さな はっぱが 手のひらの 形のように
広がって ついて いる ものが あります。

カナムグラ

カエデ

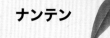

アケビ

ナンテン

おちばの やきとり

かかる時間 10分 くらい

おちばを えだの くしに さしたら、まるで やきとりのようです。
赤色の おちばを 火に 見たてて、さあ、やきあげましょう。

秋に おすすめ

おいしそうだからって
食べちゃ だめだよ!

ステップ 1

赤色の おちばを あつめて おく。

火に 見えるように
山もりに して おこう。

ステップ 2

細い えだに、
茶色の おちばを
丸めて さして、
やきとりを 作る。

ステップ 3

赤色の おちばで
作った 火の 上に
かざす。

もっと 楽しく♪　太い えだで、やき台を 作ろう！

赤色の おちばの 上下に、
太い えだを おくよ。
その 上に やきとりを
おけば、やきとりやさん
みたいだね。

27

おちばの ステンドグラス

ステンドグラスとは 色とりどりの ガラスを 組みあわせた ものです。
黒色の 画用紙を 切りぬいて、おちばを はると、
まるで ステンドグラスのように きれいです。

▶ 秋に おすすめ

太陽を
ちょくせつ
見ないように
しよう

おちばには
いろんな 色が
あるんだなあ

うらがえして
日に かざすと……

28

黒色の 画用紙に、
色えんぴつで
すきな 形を かく。

- いろいろな
  色の おちば
- 黒色の 画用紙
- 白色か 黄色の
  色えんぴつ
- はさみ
- セロハンテープ

線に そって
はさみで 切る。

はしから はさみを 入れて、
ひとふでがきのように
切りぬくよ。

ステップ **2**

まどに
なるように
切りぬくぞ！

できた！

ステップ **3**

切りぬいた ところを
おおうように、
おちばを
セロハンテープで
はる。

すきまが できないように、
大きめの おちばを はるよ。

マツバの トントンずもう

細長い マツバ（マツの はっぱ）を あつめて まとめ、強い おすもうさんを 作りましょう。
どひょうを トントン たたいて、さあ しょうぶ！

はっけよい
のこった！

どう やったら
強い おすもうさんに
なるかな？

トン！

トン
トン！

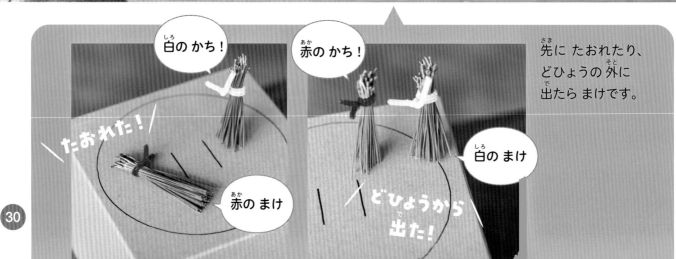

白の かち！

赤の かち！

先に たおれたり、
どひょうの 外に
出たら まけです。

たおれた！

赤の まけ

どひょうから
出た！

白の まけ

マツバを 20本くらい たばねて、モールで しばる。

モールを グッと ねじって まとめるよ。
あまった モールは、はさみで 切ってね。
これを 2つ 作ろう。

マツバの 先を 切りそろえる。

しっかり 立つように、まっすぐ たいらに なるように 切ろう。

ステップ
2

ステップ
3

マツバの おすもうさんを のせて……

空きばこの そこに どひょうを かく。

紙ざらを つかうと、きれいな 丸が かけるよ。

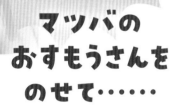
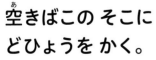

マツ

▶15ページも 見てね

- うえられて いる ところ
  公園、海べ
- はっぱが ある じき　1年中

日本では むかしから したしまれて いる 木で、まつぼっくりを つけます。はっぱが はりのように 細く 長いのが とくちょうです。風よけとして 海の 近くに よく うえられて います。

はっぱの スタンプ

はっぱには、「ようみゃく」と いう すじが あります。はっぱに えのぐを ぬって
スタンプのように おすと、その すじが よく 見えて きれいです。

ステップ**1**

はっぱに えのぐを ぬる。

水に ぬらした ふでに えのぐを
つけて、はっぱに ぬるよ。

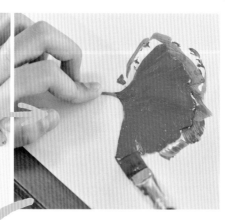

はみだしても いいように、
いらない 紙の 上で ぬるよ。

はっぱ ぜんたいに
しっかり えのぐを
ぬるんだ

ステップ**2**

色を ぬった 面を 下に して 画用紙に のせ、上から もう 1まいの いらない 紙を のせる。

ステップ**3**

紙の 上から 力を 入れて こすり、紙と はっぱを とる。

紙と はっぱは
そっと はずそう。

えのぐを 何色か つかっても きれい!

よういするもの

- はっぱ
- ふで
- 水
- 水を 入れる 入れもの
- パレット
- アクリルえのぐ
- いらない紙 2まい
- 画用紙

もっと 楽しく♪

絵に して みよう!

はっぱの スタンプを 組みあわせて、絵を かいて みましょう。

やってみよう!

お店やさんごっこ

いろいろな はっぱと、作った ものを つかって、
おみせやさんごっこを して みませんか。

何の お店に する?

● やきとりやさん

おちばの やきとりを
たくさん 作って、
空きばこを 台に
して ならべよう。

作りかたは
26ページ

● ステンドグラスやさん

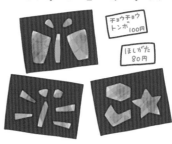

いろいろな
おちばで 作った
ステンドグラスを
ならべよう。

作りかたは
28ページ

● おもちゃやさん

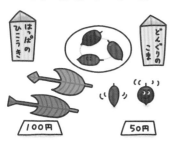

はっぱの ひこうきや、
どんぐりの こま
などを ならべよう。

作りかたは
10ページと、
3巻10ページ

● ジュースやさん

プラスチックや 紙の
コップに、きれいな
色の おちばを 入れて
ジュースに しよう。
ストローの かわりに
えだを さしてね。

かんばんを 作ろう

何の お店か わかるように、お店の 名前を
大きく かいた かんばんを 作ろう。

● ぶら下げ かんばん

テープなどで
つくえに はる。

● 立てかんばん

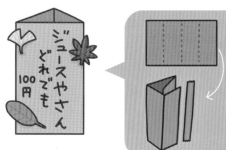

紙を おって、
セロハン
テープで はる

お金を 作ろう

おちばや どんぐりに、ペンで 数字を かいて
お金に しよう。

お金は おつりにも
つかうから、たくさん
作って おこう!

35

おすすめの しぜんあそびを つたえよう

しぜんの ものを つかって、どんな あそびが できましたか？
お気に入りの あそびを、「しぜんあそび おすすめカード」に
まとめて、みんなで 見せあいましょう。

「しぜんあそび おすすめカード」には こんな ことを かこう！

何て いう
あそびなの？

きみの おすすめの
あそびを おしえてね！

どうして
おすすめ
なの？

何を
つかうの？

あそんだ
ところを
見たいなぁ!

どうやって
あそぶの？

カードに
まとめてみよう！

ほかにも こんな ことを おしえて！
- むずかしかった ところ
- じょうずに あそぶ コツ
- さわった かんじや 聞こえる 音など、気づいた こと

「しぜんあそび おすすめカード」の かきかた

「しぜんあそび おすすめカード」と「ひとことカード」は、この 本の さいごに あります。
先生や おうちの 人に コピーして もらって つかいましょう。

みんなに おすすめしたい あそびの
名前を かきましょう。

あそんで いる ようすや、作った おもちゃ
などを 絵に かきましょう。

デジタルカメラや パソコンで とった
しゃしんを つかっても いいですね。

しぜんあそび おすすめカード

6 月 27 日

1 年 1 組　上田 かずし

おすすめの あそびは　はっぱの ひこうき　です

とても かんたんに 作れるので おすすめです。

はっぱを はさみで 切るのは はじめて
だったので、おもしろかったです。

もっと！
いろいろな 形の ひこう
きを 作って、いちばん
よく とぶ ひこうきを 見
つけたい！

あそびかたや おすすめし
たい ところ、とくに おも
しろい ところ、かんじた
ことなどを かきましょう。

しぜんあそび おすすめカード

11 月 4 日

2 年 2 組　小林 かりん

おすすめの あそびは　おちばの ステンドグラス　です

光に あてると、すごく きれいで

ビックリ しました。いろいろな 色の
おちばを つかうと、すてきな
ステンドグラスに なります。

いいね！
わたしは 魚の 形に
画用紙を 切って、
作って みたいです。

竹中 のどか

ひとことカード

自分の かいた「しぜんあそび おすすめカード」に つけたしたい
ことを はりつけたり、友だちの「しぜんあそび おすすめカード」を
よんで、つたえたい ことを かいて わたしたり しましょう。
もっと！…もっと 楽しい あそびに するための アイデアや、
　　　　　ふしぎに 思った ことなど。
いいね！…友だちの「しぜんあそび おすすめカード」を よんだ
　　　　　かんそうや、しつもんなど。

そざいと あそびの さくいん

このシリーズで しょうかいした あそびと、それに つかった そざいを、あいうえおじゅんに ならべて います。

● さくいんの つかいかた

行 → **あ** アオキ ‥‥‥‥‥‥‥‥ **4** 16
そざいの 名前 → アオキ
のって いる 本の 巻数 →

└─ アオキの 実とばし ‥‥‥‥ **4** 32
あそびの 名前 ──┘   ページ数

監修　露木和男(つゆき　かずお)

福岡県生まれ。筑波大学附属小学校教諭を経て、2009〜2020年の11年間、早稲田大学教育・総合科学学術院教授。現在は「早稲田こどもフィールドサイエンス教室」指導統括をしている。主著に『小学校理科 授業の思想―授業者としての生き方を求めて』(不昧堂出版)、『「やさしさ」の教育―センス・オブ・ワンダーを子どもたちに―』(東洋館出版社)などがある。

植物監修	渡辺 均(千葉大学環境健康フィールド科学センター教授)
あそびプラン考案	露木和男、渡辺リカ(アトリエ自遊楽校)

写真	キッチンミノル
モデル	有限会社クレヨン
	(遠藤優月、渋谷いる太、鈴木琉生、野島悠生、福田梓央、松本季子、丸﨑 琴、渡辺和歩)

デザイン	鷹觜麻衣子
キャラクターイラスト	ヒダカマコト
イラスト	藤本たみこ、ゼリービーンズ
DTP	有限会社ゼスト、有限会社M&K
校正	夢の本棚社
編集	株式会社スリーシーズン(奈田和子、藤木菜生)

撮影・写真協力	葛飾区観光フィルムコミッション、水元公園、みらい館大明、ピクスタ、フォトライブラリー

3つのステップですぐできる！　草花あそび・しぜんあそび 2
はっぱであそぼう

発行	2023年4月　第1刷

監修	露木和男
写真	キッチンミノル
発行者	千葉 均
編集	片岡陽子、湧川依央理
発行所	株式会社ポプラ社
	〒102-8519　東京都千代田区麹町4-2-6
	ホームページ　www.poplar.co.jp(ポプラ社)
	kodomottolab.poplar.co.jp(こどもっとラボ)
印刷・製本	図書印刷株式会社

あそびをもっと、
まなびをもっと。
こどもっとラボ

ISBN 978-4-591-17620-7　N.D.C.786　39p　27cm　　　　　© POPLAR Publishing Co., Ltd. 2023　Printed in Japan

3つのステップですぐできる！

草花あそび・しぜんあそび

全7巻

監修●露木和男　写真●キッチンミノル

小学校低～中学年向き
N.D.C.786　AB判　オールカラー

図書館用特別堅牢製本図書

ポプラ社はチャイルドラインを応援しています

18さいまでの子どもがかけるでんわ
チャイルドライン®
0120-99-7777
毎日午後4時～午後9時 ※12/29～1/3はお休み
電話代はかかりません 携帯(スマホ)OK

18さいまでの子どもがかける子ども専用電話です。
困っているとき、悩んでいるとき、うれしいとき、
なんとなく誰かと話したいとき、かけてみてください。
お説教はしません。ちょっと言いにくいことでも
名前は言わなくてもいいので、安心して話してください。
あなたの気持ちを大切に、どんなことでもいっしょに考えます。

チャット相談はこちらから

しぜんあそび おすすめカードと ひとことカード

右の しぜんあそび おすすめカードと 下の ひとことカードは、
コピーして つかいます。

A4 サイズの紙に原寸でコピーしてください。モノクロでもコピーできます。

つかいかたは
36〜37ページを
見てね

ひとことカード

太い 線で 切りとって つかいましょう。

いいね！

もっと！

じゆうに
つかってね

ポプラ社のホームページから、しぜんあそび おすすめカードとひとことカードの PDF データをダウンロードすることもできます。　3つのステップですぐできる！草花あそび・しぜんあそび　で検索、もしくは以下の URL から、このシリーズの書誌ページをご確認ください。

www.poplar.co.jp/book/search/result/archive/7235.00.html